# Semi-professionnel

## Tome 1

Par Adam Giedd

Traduit par Lara Cantos

Written by Adam Giedd
Translated by Lara Cantos
Edited by Anny Ewing
Cover illustration by elsa_gray
Interior llustrations by Hiraarshad

No portion of this book may be reproduced,
stored in a retrieval system, or transmitted in
any form or by any means, mechanical,
electronic, photocopying, recording, or
otherwise, without written permission from the
author.

ISBN: 9798483203179

Special thanks to Karima Mann, Anne-Sophie Roure, Edith Nelson, Rebecca Peters, and Martine Castonguay for helping smooth out the original translation into a satisfying read for both native speakers and French teachers and learners alike.

# Table des matières

# Chapitre 1

Léo est un garçon. Léo joue aux **jeux vidéo**[1]. Il joue à beaucoup de jeux vidéo. Il a beaucoup de talent. C'est un **joueur**[2] semi-professionnel.

Léo joue avec ses amis, Amir et Tyler. Ils participent à des **tournois**[3] de jeux vidéo. Amir a du talent. C'est un bon joueur. Tyler n'est pas un bon joueur. Léo veut **réussir**[4] dans l'univers du jeu vidéo.

---

[1] **jeux vidéo** - video games

[2] **joueur** - player

[3] **tournois** - tournaments

[4] **réussir** - to succeed

Il veut **devenir**[5] un joueur professionnel. Léo n'est pas un pro. Il est semi-professionnel.

Léo n'est pas un bon étudiant. Il n'aime pas son cours de maths. Il n'aime pas son cours d'anglais. Il n'aime pas l'école. Il ne veut pas étudier. Il veut juste jouer aux jeux vidéo.

Le père de Léo n'aime pas les jeux vidéo. Le père de Léo déteste les jeux vidéo. Son père pense que les jeux vidéo sont stupides. Il pense que les gens qui **réussissent**[6] dans

---

[5] **devenir** - to become

[6] **réussissent** - succeed

la vie ne jouent pas aux jeux vidéo.
Son père pense que Léo ne va pas
réussir dans la vie.

Léo, Amir et Tyler jouent à un jeu vidéo sur la **Seconde Guerre mondiale**[7]. Le **but**[8] est de capturer le **drapeau**[9].

| | |
|---|---|
| **Tyler** | Je vois le drapeau. |
| **Léo** | Où ? |
| **Tyler** | Dans la maison avec le piano. Deux ennemis sont dans la maison. |
| **Amir** | Merci. Allons-y les gars ! |
| **Tyler** | Allons-y. |

---

[7] **Seconde Guerre mondiale** - World War Two

[8] **but** - goal

[9] **drapeau** - flag

*Bzz Bzz*. Léo reçoit un texte. **Il
l'ignore**[10].

---

[10] **Il l'ignore** - he ignores it

| | |
|---|---|
| **Tyler** | Ahh ! Je suis **mort**[11]. |
| **Léo** | Non ! Sérieux ? |
| **Tyler** | Je n'aime pas la **carte de Carentan**[12]. C'est une carte horrible. |

Amir et Léo **s'approchent**[13] de la maison. Un ennemi **sort**[14] de la maison détruite.

L'ennemi **tire**[15]. Amir tire sur l'ennemi. L'ennemi est mort.

| | |
|---|---|
| **Amir** | Ha ha ! |

---

[11] **mort** - dead

[12] **carte de Carentan** - map of Carentan (a French city)

[13] **s'approchent** - they approach

[14] **sort** - leaves

[15] **tire** - shoots

Il y a un autre ennemi dans la maison. L'ennemi voit les garçons et tire.

Amir tire. Léo tire.

**Léo**      Il n'est pas mort. Allons-y !

Les garçons **entrent dans**[16] la maison. Ils passent **devant**[17] le piano **détruit**[18]. L'ennemi est en haut.

Léo **monte**[19], **sans faire de bruit**[20].

---

[16] **entrent dans** - enter

[17] **devant** - in front ot

[18] **détruit** - destroyed

[19] **monte** - goes up

[20] **sans faire de bruit** - without making any noise

Il tire sur l'ennemi surpris.

**Léo**     Les ennemis sont

morts. J'ai le drapeau !

**Tyler**    Léo, tu es un pro !

**Léo**    Pas du tout. D'accord,

les gars. Le **tournoi**[21]
a lieu demain.

**Amir**   On commence à
18h00.

**Tyler**   Je veux **gagner**[22] les
$500 !

Les garçons ont un tournoi demain.
C'est un tournoi semi-
professionnel. Les garçons veulent
gagner $500.

**Léo**   Je vais aux toilettes.
Une minute.

**Amir**   D'accord.

Léo sort de sa chambre. Il entend

---

[21] **tournoi** - tournament

[22] **gagner** - to win

une conversation. Sa mère et son père parlent en secret. Ils parlent de Léo.

La conversation est très sérieuse. Léo est inquiet parce que ses parents ne sont pas contents. Léo veut plus d'informations. Il veut entendre la conversation. « Je vais écouter », pense Léo. Léo écoute **sans faire de bruit**[23].

Sa mère et son père regardent la télé. La télévision est **trés forte**[24]. Léo écoute une partie de la conversation.

---

[23] **sans faire de bruit** - without making any noise

[24] **trés forte** - very loud

**Père**     Je suis inquiet.

**Mère**     Pourquoi es-tu inquiet ?

**Père**     Léo joue beaucoup aux jeux vidéo.

Les **gens**[25] qui **réussissent**[26] dans la vie ne jouent pas aux jeux vidéo.

**Mère** C'est un garçon normal.

**Père** Ce n'est pas une bonne excuse. Sa sœur n'a pas beaucoup de problèmes.

**Mère** Léo **n'a aucun problème**[27].

**Père** Léo **doit aller**[28] à une bonne université.

---

[25] **gens** - people

[26] **réussissent** - succeed

[27] **n'a aucun problème** - dosent't have a problem

[28] **doit aller** - must go

| | |
|---|---|
| **Mère** | Il n'a pas besoin d'aller à Harvard ou Yale. Il y a d'autres possibilités. |
| **Père** | Léo a de **mauvaises notes**[29]. Je vais lui en parler. |
| **Mère** | Est-ce que c'est une bonne idée ? |
| **Père** | Léo est un mauvais élève. Il a eu un F en éducation physique ! |

Léo est triste. Sa mère pense que Léo est normal mais son père pense que Léo a un problème. Léo va dans sa chambre sans faire de bruit. Dans sa chambre, Léo commence un

---

[29] **mauvaises notes** - bad grades

jeu vidéo.

Il joue, mais il ne joue pas bien parce qu'il **pense à**[30] la conversation.

---

[30] **pense à** - thinks about

# Chapitre 2

Le père de Léo entre dans la chambre de Léo. Léo ignore son père. Il joue aux jeux vidéo.

**Père**  Bonjour, Léo.

Léo l'ignore.

**Père**  Nous avons un problème, Léo.

Léo ne veut pas en parler. Il n'est pas content.

**Père**  LÉO !

**Léo**  Une minute. C'est un moment intense dans

mon jeu vidéo.

**Père**    Non, Léo. Maintenant.

**Léo**    Une minute !

Son père est **en colère**[1]. Il n'est pas très patient.

**Père**    Léo. Maintenant !

**Léo**     C'est intense. Deux minutes... **Zut**[2] ! Je suis **mort**[3].

**Père**    Léo, **on a**[4] un problème.

**Léo**     On a ? Je n'ai aucun problème, moi.

**Père**    Toi et moi, nous avons un problème. Tu as trois F dans ton

---

[1] **en colère** - angry

[2] **zut** - darn it!

[3] **mort** - dead

[4] **on a** - we have

**bulletin**[5].

**Léo**  Je n'ai pas trois F. J'ai un D.

**Père**  Et deux F, mais...

**Léo**  Et un F est une erreur.

**Père**  Léo, je ne veux pas d'excuses. Les **gens**[6] qui **réussissent**[7] dans la vie ne jouent pas aux jeux vidéo.

Léo est en colère.

**Père**  Tu joues trop aux jeux vidéo. Tes actions ont des conséquences.

---

[5] **bulletin** - report card

[6] **gens** - people

[7] **réussissent** - succeed

Aujourd'hui, c'est lundi. Si vendredi tu as un F en anglais ou en maths, **je te retire**[8] tes jeux vidéo.

**Léo**     Papa, ce n'est pas juste !

**Père**    Léo, je ne veux plus entendre tes excuses. Vendredi.

Les gens qui réussissent dans la vie...

**Léo**     ...ne jouent pas aux jeux vidéo.

Son père sort. Léo n'est pas

---

[8] **je te retire** - I will take away

content. Son père n'est pas juste. Il
ne comprend pas les jeux vidéo. Il
ne comprend pas l'école moderne.
Il ne comprend **rien**[9].

Tyler et Amir ne sont pas en ligne.

Léo regarde son portable. Il a deux
messages. Les messages sont de
Laura. Laura est une fille de sa
classe d'anglais. Laura pense que
Léo est **beau**[10]. C'est clair que
Laura **s'intéresse à**[11] Léo.

Le premier message dit : *Salut :)*

---

[9] **rien** - nothing

[10] **beau** - good-looking

[11] **s'interésse à** - is interested in

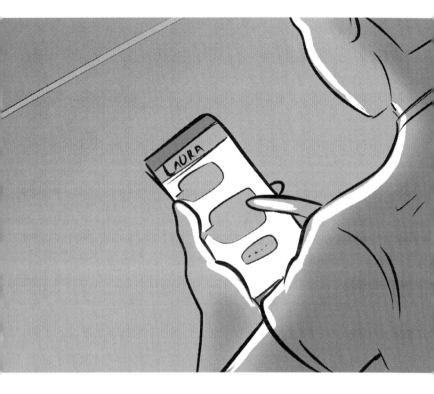

Le **deuxième**[12] message dit :

*Comment tu vas ? :)*

---

[12] **deuxième** - second

Léo répond : *Désolé. Beaucoup de* **devoirs**[13]*. Mme Davis est* **débile**[14]*.*

---

[13] **devoirs** - homework

[14] **débile** - dumb

# Chapitre 3

**Après**[1] l'école, Léo **rentre**[2] chez lui. Nous sommes mardi et le tournoi de jeux vidéo semi-professionnel est aujourd'hui. Léo veut **gagner**[3] le tournoi. Il veut gagner les $500. Il veut devenir un joueur professionnel. Il entre dans la maison et va dans sa chambre.

Il veut jouer aux jeux vidéo. Il veut s'entraîner **un peu**[4] parce que le tournoi de jeux vidéo commence à

---

[1] **après** - after

[2] **rentre** - returns

[3] **gagner** - to win

[4] **un peu** - a little

18h00. Dans sa chambre, Léo ne voit pas ses jeux vidéo. Où sont les jeux vidéo ? Les jeux vidéo ne sont pas dans sa chambre.

Léo va dans la chambre de sa sœur.
Est-ce qu'elle a ses jeux vidéo ? Il
**cherche**[5] dans la chambre de
Katarina, mais elle n'a pas les jeux
vidéo.

Nous sommes mardi. Nous ne
sommes pas vendredi. Est-ce que
son père a ses jeux vidéo ?  Léo
**crie**[6] :

| | |
|---|---|
| **Léo** | MAMAN ! Où sont mes jeux vidéo ? |
| **Mère** | Je ne sais pas, Léo. Est-ce que Katarina les a dans sa |

---

[5] **cherche** - searches
[6] **crie** - yells

chambre?

**Léo**     Non, elle ne les a pas.

Léo est en colère, mais il est aussi
inquiet.

**Léo**     C'est très important.
Le **tournoi**[7]
commence à 18h ! Est-
ce que papa a mes
jeux vidéo ?

**Mère**    Je ne sais pas, Léo. Tu
sais que ton père
n'aime pas les jeux
vidéo.

**Léo**     Oui, maman, mais ce
n'est pas juste.

---

[7] **tournoi** - tournament

28

**Mère**     Je suis désolée, Léo.
Si tu as un problème
avec Eduardo, tu dois
**le régler**[8] avec
Eduardo.

« Eduardo ? pense Léo. Ce n'est pas
normal, ça. C'est bizarre. Elle **ne dit
jamais**[9] "Eduardo". Elle **dit
toujours**[10] "Ed". » Léo va à la
**porte**[11] de la chambre de ses
parents, mais il n'entre pas.

«  J'ai besoin de mes jeux vidéo,
pense Léo. Je vais les chercher dans

---

[8] **le régler** - settle it

[9] **ne dit jamais** - never says

[10] **dit toujours** - always says

[11] **porte** - door

la chambre de mes parents. »

**Mère**     Léo, est-ce que tu es
             dans notre chambre ?

Il **doit trouver**[12] ses jeux vidéo. Le
tournoi commence à 18h00. Il veut
gagner les $500. Il veut être un
joueur professionnel de jeux vidéo.

**Léo**      Non, maman. Je vais
             juste dans ma
             chambre.

Il entre dans la chambre de ses
parents. Il cherche sans faire de
bruit. Il ne voit pas les jeux vidéo

---

[12] **doit trouver** - must find

**sous le lit**[13]. Il ne voit que des photos.

---

[13] **sous le lit** - under the bed

Il regarde dans **le placard**[14]. Les jeux vidéo sont probablement dans le placard. Léo voit beaucoup de **vêtements**[15], mais il ne voit pas de jeux vidéo.

« Aha ! » pense Léo. Léo voit une **boîte**[16]. Dans la boîte, Léo voit beaucoup de papiers, mais il ne voit pas les jeux vidéo. « Où sont mes jeux vidéo ? » pense Léo.

Léo voit un **une feuille de papier**[17]. C'est un document officiel.

---

[14] **le placard** - the closet

[15] **vêtements** - clothes

[16] **boîte** - box

[17] **une feuille de papier** - piece of paper

Léo est surpris et inquiet. Le papier
dit :

DEMANDE DE DIVORCE

# Chapitre 4

« Divorce », pense Léo. Léo est
**plein**[1] d'émotions. Il est triste. Il
est inquiet. « La situation est
compliquée », pense Léo. Léo
**pense à**[2] sa mère. Il pense à son
père. Il a les **larmes**[3] aux yeux.

*Bzz. Bzz.* Léo **reçoit**[4] un texto sur
son portable. Il l'ignore.

Léo a beaucoup de questions. « Où

---

[1] **plein** - full
[2] **pense à** - thinks about
[3] **larmes** - tears
[4] **reçoit** - receives

est-ce que **je vais habiter**[5] ? Est-ce que je vais **habiter**[6] avec ma mère ? Est-ce que je vais habiter avec mon père ? Où est-ce que mon père va habiter ? ».

*Bzz. Bzz.* Léo reçoit **un autre**[7] message sur son portable. Il l'ignore.

Léo pense à l'école. Il **pense à**[8] ses amis, Tyler et Laura. Amir est un ami d'Internet. Il habite dans le Minnesota, mais Laura et Tyler

---

[5] **je vais habiter** - I am going to live

[6] **habiter** - to live

[7] **unautre** - another

[8] **pense à** - thinks about

habitent à Springfield comme Léo.

Léo regarde son portable. Il y a deux messages d'Amir. « Oh non ! pense Léo. Il est 17h30. Le tournoi commence dans 30 minutes. C'est urgent ! »

Léo a une idée. La famille de Tyler a deux **ordinateurs**[9]. Léo **peut aller**[10] chez Tyler pour le tournoi.

La mère de Tyler est **sympa**[11]. Elle n'a pas de règles stupides comme la famille de Léo.

---

[9] **ordinateurs** - computers

[10] **peut aller** - can go

[11] **sympa** - nice

| | |
|---|---|
| **Léo** | Je vais chez Tyler. |
| **Mère** | Vous allez jouer aux jeux vidéo ? |
| **Léo** | Non, maman. On va étudier les maths. |
| **Mère** | Tyler est un bon étudiant ? |
| **Léo** | Oui, il est très intelligent. |
| **Mère** | D'accord, très bien. |

En fait, Tyler n'est pas un bon élève en maths. Il a eu un D en maths, comme Léo. Mais il est fort en histoire.

Tyler n'est pas un bon élève mais il

est intelligent. Il n'aime pas **lire**[12], mais il aime regarder YouTube. Tyler a un A en histoire parce qu'il regarde beaucoup de **vidéos de guerre**[13] sur YouTube. Tyler aime les **théories du complot**[14] de guerre. Sa **théorie**[15] préférée est qu'Adolf Hitler **est allé**[16] en Argentine.

Il est 17h35. Léo quitte sa maison. Il n'a pas beaucoup de temps. Le tournoi commence dans 25 minutes.

---

[12] **lire** - to read

[13] **vidéos de guerre** - videos about war

[14] **théories du complot** - conspiracy theories

[15] **théorie** - theory

[16] **est allé** - went

Léo va à vélo chez Tyler.

Près de l'école, Léo entend la **voix**[17]

---

[17] **voix** - voice

d'une fille.

**Laura**     Léo !

**Léo**       Salut, Laura.

La fille s'appelle Laura. Laura a un cours d'anglais avec Léo. Elle pense que Léo est **beau**[18]. Léo pense que Laura aussi est **belle**[19]. C'est évident que Laura s'intéresse à Léo. Et Léo s'intéresse à Laura aussi.

**Léo**       Comment vas-tu ?

**Laura**     Je vais bien, mais je suis inquiète. Il y a le test d'anglais demain.

**Léo**       Tu es inquiète ?

---

[18] **beau** - good-looking

[19] **belle** - good-looking

|         | Mademoiselle parfaite est inquiète ? |
|---------|--------------------------------------|
| **Laura** | Hi hi, je ne suis pas parfaite. Je ne suis pas bonne en anglais. Je suis bonne en biologie. |
| **Léo** | Tu veux être **médecin**[20], n'est-ce pas ? |
| **Laura** | Oui, je veux être **chirurgienne cardiaque**[21]. |
| **Léo** | Es-tu nerveuse ? |
| **Laura** | Oui, mais les gens qui réussissent **prennent** |

---

[20] **médecin** - doctor

[21] **chirugienne cardiaque** - heart surgeon

41

**des risques**[22].

Il est maintenant 17h45. Le tournoi commence dans 15 minutes. Léo n'a pas beaucoup de temps.

« Je dois **partir**[23], pense Léo, mais Laura est belle. »

| | |
|---|---|
| **Laura** | Où est-ce que tu vas ? |
| **Léo** | Je dois partir, Laura. Je vais chez Tyler. |
| **Laura** | Est-ce que tu vas jouer à des jeux vidéo stupides ? |
| **Léo** | Non. On va étudier les maths. |

---

[22] **prennent des risques** - take risks

[23] **partir** - to leave

| Laura | Hi hi. Avec Tyler ? Tyler n'est pas un bon élève. |
|---|---|
| Léo | Je dois étudier. |

*Bzz. Bzz.* Léo reçoit un texto, mais il l'ignore.

Il l'ignore parce que Laura est belle.

Le message est d'Amir et dit : *Où es-tu ?*

Laura pense à Léo. Elle regarde ses **yeux**[24]. « Ahh, pense Laura. Léo est beau. »

| Laura | Tu veux étudier chez moi ? J'ai eu un A en |
|---|---|

---

[24] **yeux** - eyes

maths. **Tu peux**[25] étudier avec moi.

**Léo**    Merci, mais aujourd'hui je vais étudier avec Tyler.

**Laura**    Peut-être un autre **jour**[26] ?

**Léo**    Oui, peut-être.

**Laura**    Nous pouvons faire des **biscuits**[27] et étudier **ensemble**[28].

**Léo**    Peut-être. Peut-être. Au revoir !

---

[25] **tu peux** - you can

[26] **jour** - day

[27] **biscuits** - cookies

[28] **ensemble** - together

Léo part à vélo. Il va très **vite**[29] parce que le tournoi est très important. Il veut gagner le tournoi. Il veut gagner les $500. Il veut devenir pro. Il entend Laura **crier**[30].

**Laura** LÉO !

Léo regarde Laura.

**Laura** Je ne suis pas débile. Tu ne vas pas étudier avec Tyler. Tu vas jouer aux jeux vidéo. Tu n'as pas ton sac à dos. Viens chez moi

---

[29] **vite** - quickly

[30] **crier** - shout

**après**[31]. Viens étudier avec moi !

---

[31] **après** - afterwards

# Chapitre 5

Léo **arrive**[1] chez Tyler. La mère de Tyler salue Léo.

**Mindie**     Salut, Léo. Comment va ta mère ?

Léo pense au divorce. La mère de Tyler est une bonne amie de sa mère. « Mindie, **sait-elle**[2] que ma mère veut divorcer ? » pense Léo.

**Léo**     Elle ne va pas très bien. Elle a des problèmes avec mon père. Je suis inquiet

---

[1] **arrive** - he arrives

[2] **sait-elle** - does she know

pour eux.

**Mindie**    Oh non, Léo. C'est terrible !

**Léo**    Ouais, **peut-être**[3] que vous pourriez lui parler ?

**Mindie**    Oui, Léo. C'est une bonne idée.

Tyler est **en haut**[4] dans sa chambre.

Léo entre dans la chambre de Tyler. Tyler a deux ordinateurs dans sa chambre. Tyler **est assis**[5] face à l'ordinateur. Léo va vers l'autre

---

[3] **peut-être** - perhaphs

[4] **en haut** - upstairs

[5] **est assis** - is sitting

**ordinateur**[6].

**Tyler**     Le tournoi commence
dans une minute.

---

[6] **ordinateur** - computer

| | |
|---|---|
| **Léo** | Désolé. Amir est **en ligne**[7] ? |
| **Tyler** | Oui. Amir est en ligne. Nous sommes **prêts**[8]. |
| **Léo** | C'est la **carte**[9] de Carentan ? |
| **Tyler** | Non. Nous allons à Paris. |
| **Léo** | **Génial**[10] ! On y va ! |

Le tournoi commence à 18 heures. Une voix dit TROIS – DEUX – UN – CAPTURE DU DRAPEAU.

La carte de Paris est très grande.

---

[7] **en ligne** - online

[8] **prêts** - ready

[9] **carte** - map

[10] **génial** - cool

Les garçons **commencent**[11] à la

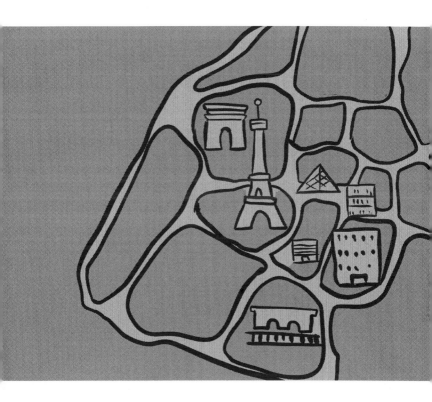

---

[11] **commencent** - start

**gare**[12]. Le drapeau est dans la cathédrale ou dans le musée.

La cathédrale de Notre-Dame se trouve sur une **île**[13] au centre de la carte. Le musée du Louvre se trouve près de la cathédrale de Notre-Dame. La tour Eiffel est aussi sur la carte.

| Tyler | $500, les gars. On y va. On y va ! |
|---|---|
| Amir | Ne parle pas de **l'argent**[14], Tyler. |
| Léo | Amir **a raison**[15]. Allez. |

---

[12] **gare** - train station

[13] **île** - island

[14] **l'argent** - money

[15] **a raison** - is right

Je vais à la cathédrale.

**Amir**     Je vais au musée. Je vais **chercher**[16] le drapeau au musée.

**Tyler**    Je vais à la cathédrale avec Léo.

Il y a un tunnel à la gare. Amir entre dans le tunnel. Le tunnel **mène**[17] au musée du Louvre. C'est plus rapide par le tunnel, mais le tunnel est un **risqué**[18]. Il y a **toujours**[19] beaucoup de **bombes**[20]

---

[16] **chercher** - to look for

[17] **mène** - leads

[18] **risqué** - risky

[19] **toujours** - always

[20] **bombes** - bombs

dans le tunnel.

Léo et Tyler n'entrent pas dans le
tunnel. Ils quittent la **gare**[21]. Léo et
Tyler entendent des **coups de feu**[22].

|       |                                          |
| ----- | ---------------------------------------- |
| **Léo**   | Tyler, est-ce que tu vois un ennemi ? |
| **Tyler** | Non. Toi ?                            |
| **Léo**   | Personne. Allons dans le café.        |

Les garçons entrent dans le café.
Ils entendent d'autres coups de
feu. Tyler va à la **fenêtre**[23]. Il y a
d'autres coups de feu.

---

[21] **gare** - train station

[22] **coups de feu** - gunshots

[23] **fenêtre** - window

Léo lance une grenade. La grenade
explose près d'une voiture.

L'ennemi est **mort**[24]. Tyler et Léo quittent le café. Léo et Tyler vont à la cathédrale.

---

[24] **mort** - dead

| | |
|---|---|
| **Léo** | Amir, est-ce que le drapeau est au musée ? |
| **Amir** | Non, juste de l'art débile. |
| **Tyler** | Ha ha ! Oui, l'art est très débile. |
| **Léo** | Le drapeau est dans la cathédrale. Allons-y ! |

Léo et Tyler vont à la cathédrale de Notre-Dame. **Tout d'un coup**[25], il y a un coup de feu. La **balle**[26] touche Léo. Léo est mort.

| | |
|---|---|
| **Léo**. | Nooon ! |

---

[25] **tout d'un coup** - all of a sudden
[26] **balle** - bullet

| Amir | Quoi ? |
| **Léo** | Je suis mort. |
| **Amir** | Sérieux ? |
| **Tyler** | Ouais. C'est toi et moi, |

Amir.

**Amir**    Je vais à la cathédrale.

**Tyler**    Je vais au drapeau.

Il y a des **coups de feu**[27]. Tyler va à la cathédrale. Tyler **lance**[28] une grenade. Il la lance trop haut. La grenade entre dans la cathédrale. La grenade explose. Tout est calme après. Tyler entre dans la cathédrale.

**Tyler** C'est calme. Ils sont morts.

**Léo** Je pense que non. C'est un **piège**[29].

Tyler entre dans la cathédrale. Il y a un ennemi **caché**[30]. Tyler ne voit

---

[27] **coups de feu** - gunshots

[28] **lance** - throws

[29] **piège** - trap

[30] **caché** - hidden

pas l'ennemi. Tyler pense que
l'ennemi est mort.

**Tyler**     Je vois le drapeau.

**Léo**     C'est un piège !

**Tyler**     Ce n'est pas un piège.
              Ils sont morts.

Tout à coup, il y a beaucoup de
coups de feu. Les balles touchent
Tyler. Tyler est mort. Amir entre
dans la cathédrale. Il tire sur les
ennemis. Les ennemis **meurent**[31]. Il
va vers le drapeau.

**Amir**      Je l'ai. J'ai le drapeau.

**Tyler**     Parfait !

**Léo**       On a gagné !

**Amir**      On a gagné le premier
              match !

**Léo**       Il y en a deux autres.

---

[31] **meurent** - die

Léo **envoie**[32] un texto à Laura. Le message dit : « Est-ce que tu veux étudier avec moi ? »

Laura lui renvoie un texto et dit : « Oui. :) Viens chez moi. »

**Tyler**    C'est qui ?

Léo ignore sa question et il ne répond pas à Tyler.

**Léo**    Je dois y aller.

**Amir**    À bientôt, les gars. Le match numéro deux commence demain à 20h30.

---

[32] **envoie** - sends

63

Léo sort de la chambre de Tyler. Il dit « au revoir » et « merci » à la mère de Tyler. Léo quitte la maison et va à vélo chez Laura.

Léo part à vélo. Il **pense au**[33] tournoi. Il pense aux $500. Il pense au divorce. Il pense à Laura. Il a beaucoup de **pensées**[34].

*Bzz Bzz-Bzz-Bzz Bzz*. Léo reçoit une notification sur son portable.

Ce n'est pas un texto. C'est un email. C'est un email d'une équipe professionnelle de jeux vidéo.

---

[33] **pense au** - thinks about the
[34] **pensées** - thoughts

# Chapitre 6

L'email dit :

Cher Léo,

Vous avez beaucoup de talent.
Vous êtes très intelligent.
Voulez-vous **devenir**[1] un joueur
professionnel ? Voulez-vous
faire partie de **notre équipe**[2]
professionnelle ?

Notre équipe fait un **essai**[3].
Vous êtes invité à notre essai.

---

[1] **devenir** - to become

[2] **notre équipe** - our team

[3] **essai** - tryout

*L'essai a lieu samedi à Los Angeles, en Californie, à 16h. Vous êtes invité à notre essai samedi à Los Angeles.*

*Dans notre équipe, nous sommes amis. Nous sommes une famille.*

*Vous avez 72 heures pour nous répondre.*

Sur son vélo, Léo pense à l'opportunité. « Les **gens**[4] qui réussissent **prennent des risques**[5]. »

---

[4] **gens** - people
[5] **prennet des risques** - take risks

Léo va chez Laura. Chez Laura, Léo
ne voit pas de **sac à dos**[6] et ne voit

---

[6] **sac à dos** - backpack

pas de **livres**[7]. Laura n'a pas ses **devoirs**[8] de maths.

| | |
|---|---|
| **Léo** | Salut Laura, où sont les devoirs ? |
| **Laura** | Ha ha ! Nous pouvons étudier **plus tard**[9]. Veux-tu regarder un film ? |

# *À suivre...*

*To be continued...*

---

[7] **livres** - books

[8] **devoirs** - homework

[9] **plus tard** - later

# Glossaire

**-A-**

**a** - has

**il y a** - there is

**à** - at, to, until

**à bientôt** - see you soon

**à vélo** - by bike

**face à** - facing, in front of

**jouer à** - play

**pense à** - thinks about

**tout à coup** - all of a sudden

**aime** - likes

**allé: est allé** - went

**aller** - go

**allez** - go

**allons** - go, let's go

**allons-y** - let's go

**alors** - so

**ami** - friend

**amie** - friend

**amis** - friends

**anglais** - English

**appelle: s'appelle** - is called

**approchent: s'approchent de** - approach

**après** - after

**Argentine** - Argentina

**arrive** - arrive

**assis** - seated

**au** - at

**aucun** - no

**aujourd'hui** - today

**aussi** - also

**autre** - other

**autres** - other

**aux** - to the

**larmes aux yeux**
- tears in his eyes
**joue aux** - plays
**jouer aux** - play
**pense aux** -
thinks about the
**avec** - with
**avez** - have
**avoir** - have
**avons** - have

## -B-
**balle** - bullet
**balles** - bullets
**beau** - good-looking
**beaucoup** - a lot
**belle** - good-looking
**besoin** - need
**débile** - dumb
**bien** - well
**bientôt** - soon
**biologie** - biology
**biscuits** - cookies
**bizarre** - weird
**boîte** - box
**bombes** - bombs
**bon** - good

**bonjour** - hello
**bonne** - good
**bruit** - noise
**bulletin** - report
card

## -C-
**c'est** - it is
**ça** - this
**caché** - hidden
**café** - coffee
**calme** - calm
**capture** - capture
**capturer** - to
capture
**cardiaque** - heart
**carte** - map
**cathédrale** -
cathedral
**ce** - this
**centre** - center
**chambre** - room
**cher** - dear
**cherche** - searches
**chercher** - to look
for
**chez** - at the house

of
**chirurgienne** -
surgeon
**classe** - class
**colère** - anger
 **en colère** - angry
**comme** - like
**commence** - starts
**commencent** - start
**comment** - how
**compliquée** -
complicated
**complot**
 **théories du
complot** -
conspiracy theories
**comprend** -
understands
**conséquences** -
consequences
**conspirations** -
conspiracies
**content** - happy
**coup:**
 **tout à coup** -
suddenly
 **tout d'un coup** -

all of a sudden
**coup de feu** -
gunshot
**coups** - shots
**cours** - course
**crier** - shout

**-D-**
**d'** - of, from
 **besoin d'** - need
to/for
 **d'autres** - (some)
other
 **d'accord** - OK
 **d'aller** - to go
 **pas d'** - not any
 **plus d'** - more
**dans** - in, into
**de** - of, from
 **parle de** - talk
about
 **pas de** - not any
**demain -** tomorrow
**demande** - request
**des** - some
**débile** - stupid
**désolé** - sorry

**désolée** - sorry
**déteste** - hates
**détruit** - destroyed
**détruite** - destroyed
**deux** - two
**deuxième** - second
**devant** - in front of
**devenir** - become
**devoirs** - homework
**dit** - says
**divorce** - divorce
**divorcer** - to divorce
**dois** - must
**doit** - must
**dos** - back
**drapeau** - flag
**du** - of the, some
  **pas du tout** - not
  at all

**-E-**

**écoute - listen**
**écouter** - to listen
**éducation** -
education
**élève** - student
**elle** - she

**email** - email
**en** - in
  **en colère** - angry
  **en fait** - in fact
  **en haut** - upstairs
  **en ligne** - online

**enfant - child**
**ennemi** - enemy
**ennemis** - enemies
**ensemble** - together
**entend** - hears
**entendent** - hear
**entendre** - hear
**entraîne: s'entraîne**
- trains, practices
**entre** - between
  **entre dans** -
  enters
**envoie** - send
**équipe** - team
**erreur** - error
**es** - are
**es-tu** - are you
**essai** - tryout
**est** - is
**est-ce** - is

**est-ce que…** - is it true that…?
**est-il** - is he
**et** - and
**êtes** - are
**être** - be
**étudiant** - student
**étudier** - to study
**eu** - had
**eux** - them
**excuse(s)** - excuse(s)
**explose** - explodes

**-F-**
**face à** - facing, in front of
**faire** - do
**fait** - fact
**famille** - family
**fenêtre** - window
**fille** - girl
**fort** - strong
**forte** - loud

**-G-**
**gagné** - won

**gagner** - to win
**garçon** - boy
**garçons** - boys
**gare** - station
**gars** - guy
**génial** - great
**gens** - people
**glossaire** - glossary
**grenade** - grenade
**guerre** - war

**-H-**
**habite** - lives
**habitent** - live
**habiter** - to live
**haut** - high
   **en haut** - upstairs
**heures** - hours, o'clock
**histoire** - history
**hurle** - screams

**-I-**
**idée** - idea
**ignore** - ignores
**il** - he
**île** - island

**ils** - they
**inquiet** - worried
**inquiète** - worried
**intelligent** -
intelligent
**intense** - intense
**invité** - invited

### -J-

**j'** - I
**j'ai** - I have
**jamais** - never
**je** - I
**jeu** - game
**jeux vidéos** - video
games
**joli** - nice-looking
**joue** - plays
**jouent** - play
**jouer** - to play
**joues** - play
**joueur** - player
**jour** - day
**juste** - just

### -L-

**l'** - the, it, him

**l'argent** - money
**l'art** - art
**l'autre** - the other
**l'école** - the school
**l'email** - the email
**l'ennemi** - the
enemy
**l'essai** - the essay
**l'ignore** - ignores it
**l'opportunité** - the
opportunity
**l'univers** - the world
**l'art** - the art
**l'école** - the school
**l'ennemi** - the
enemy
**l'ignore** - ignores it
**l'ordinateur** - the
computer
**la** - the, it
**lance** - throws
**larmes** - tears
**le** - the
**les** - the
**lieu** - place
**ligne** - line
**lire** - to read

**lit** - bed
**livres** - books
**lui** - him
**lundi** - Monday

**-M-**

**ma** - my
**mademoiselle** - miss
**maintenant** - now
**mais** - but
**maison** - home
**maman** - mom
**mardi** - Tuesday
**marrons -** brown
**match** - game
**maths** - math
**matières** - subjects
**mauvais** - bad
**mauvaises** - bad
**médecin** - doctor
**mène** - leads
**merci** - thank you
**mère** - mother
**mes** - my
**message** - message

**messages** - messages
**meurent** - die
**minute** - minute
**moderne** - modern
**moi** - me
  **chez moi** - at my house
**moment** - moment
**mon** - my
**mondiale** - world
**monte** - go up
**morceau** - piece
**mort** - dead
**morts** - dead
**musée** - museum

**-N-**

**n'… aucun** - not… any
**n'… pas** - not
**n'est-ce past ?** - right?
**ne** - do
**nerveuse** - nervous
**non** - no
**normal** - normal

**notes** - grades
**notre** - our
**nous** - us
**numéro** - number
**officiel** - official

**-O-**

**on** - one, we
**ont** - have
**ordinateur** - computer
**ordinateurs** - computers
**ou** - or
**où** - where
**ouais** - yeah
**oui** - yes

**-P-**

**papa** - dad
**papier** - paper
**papiers** - papers
**par** - by
**parce que** - because
**parents** - parents
**parfait** - perfect

**parfaite** - perfect
**parle** - speak
**parlent** - talk
**parler** - talk
**participent** - participate
**partie** - part
   **faire partie** - take part
**partir** - to leave
**pas** - not
**passent** - go
**pense** - think, thinks
   **je pensé que non** - I don't think so
**pensées** - thoughts
**père** - father
**personne** - person
**peu** - little
**peut** - can
**peut-être** - perhaps
**peux** - can
**photos** - photos
**physique** - physics
**piano** - piano
**piège** - trap
**pile** - exactly

**placard** - closet
**plein** - full
**plus** - more
**portable** - cell phone
**porte** - door
**possibilités** - possibilities
**pour** - for
**pourquoi** - why
**pourriez** - could
**pouvons** - can
**préférée** - favorite
**premier** - first
**prennent** - take
**près** - near
**prêts** - ready
**pro** - pro
**probablement** - probably
**problème** - problem
**problèmes** - problems
**professionnel** - professional
**professionnelle** - professional

**qu'** - that
**qu'elle** - that she
**qu'il** - that he
**que** - that
   **est-ce que** - is it that
   **ne... que** - only
   **parce que** - because
**question - question**
**qui** - who
**qui** - that
**quitte** - leaves
**quittent** - leave
**quoi** - what

**-R-**
**raison** - reason
**rapide** - quick
**reçoit** - receives
**regarde** - looks (at), watches
**regardent** - are watching
**regarder** - to watch
**régler** - settle
**règles** - rules

**rentre** - returns
**renvoie** - sends back
**répond** - responds
**répondre** - respond
**retire** - take away
**réussir** - to be successful
**réussissent** - succeed
**revoir: au revoir** - goodbye
**rien** - nothing
**risque** - risk
**risques** - risks

### -S-
**s'** - himself, herself, themselves
**s'appelle** - is called
**s'entraîner** - to practice
**s'approchent de** - approach
**sa** - his
**sac à dos** - backpack

**sais** - know
**sait-elle** - does she know
**salue** - greets
**salut** - hi
**samedi** - Saturday
**sans** - without
**se trouve** - is found
**seconde** - second
**secret** - secret
**semi-professionnel** - semi-professional
**sérieuse** - serious
**sérieux** - serious
**ses** - his
**si** - so
**sœur** - sister
**sommes** - are
**son** - his
**sont** - are
**sort** - goes out, leaves
**sous** - under
**suis** - am
**suivre** - follow
**sur** - on
**surpris** - surprised

**sympa** - nice

**-T-**

**ta** - your
**talent** - talent
**talentueux** - talented
**tard** - late
**te** - you
**télé** - TV
**télévision** - television
**temps** - time
**terrible** - terrible
**tes** - your
**texto** - text message
**théorie** - theory
**tire** - shoot
**toi** - you
**toilettes** - toilet, bathroom
**ton** - your
**touche** - hits
**touchent** - hit
**toujours** - always
**tour** - tower
**tournoi** - tournament
**tournois** - tournaments
**tout** - all
   **pas du tout** - not at all
   **tout à coup** - suddenly
   **tout d'un coup** - all of a sudden
**très** - very
**triste** - sad
**trois** - three
**trop** - too
**trouve; se trouve** - is located
**trouver** - to find
**tu** - you
**tunnel** - tunnel

**-U-**

**un** - a, an, one
**une** - a, an, one
**université** - university.
**urgent** - urgent

**-V-**

**va** - goes, is going
  **on y va** - let's go
  **comment va...** - how is…
  **ne va pas bien** - isn't going well
**vais - will**
**vas** - go
**vas-tu** - will you
**vélo** - bike
**vendredi** - Friday
**vers** - toward
**vêtements** - clothes
**veulent** - want
**veut** - wants
**veux** - want
**veux-tu** - do you want
**vidéo** - video
**vidéos** - videos
**vie** - life
**viens** - come
**vite** - quickly
**vois** - see
**voit** - sees
**voiture** - car

**voix** - voice
**vont** - go
**voulez-vous** - do you want
**vous** - you
**yeux** - eyes
**zut** - darn !

Made in the USA
Monee, IL
16 June 2023